AF196091

Teufel in Seide

Falsches Spiel in Leipzig

A1/A2

Von Roland Dittrich

Illustriert von Römer & Osadtschij

Teufel in Seide

Roland Dittrich
mit Illustrationen von Römer & Osadtschij

Redaktion: Kerstin Reisz
Layout: Annika Preyhs für Buchgestaltung
Technische Umsetzung: Klein & Halm Grafikdesign, Berlin
Umschlaggestaltung: Ungermeyer, grafische Angelegenheiten

Bildquellen
Umschlagfoto: Shutterstock/ © Natalya Prokopenko
S. 38: Fotolia / © dessauer (oben) / © ArTo (unten)
S. 39: Fotolia / © Marcel Schauer (oben) / © Kurt Flügel (Mitte) / © frilled_dragon
(unten links) / © Ellie Nator (unten rechts)

www.cornelsen.de

1. Auflage, 1. Druck 2016

© 2016 Cornelsen Schulverlage GmbH, Berlin

Druck: H. Heenemann, Berlin

ISBN 978-3-06-120740-3

 Inhalt gedruckt auf säurefreiem Papier aus nachhaltiger Forstwirtschaft.

Inhalt

Sie können diese spannende Geschichte auch über einen MP3-Player zu Hause, bei einer Auto-, Zug- oder Busfahrt anhören und genießen.

4

Personen

Ulla Kantor, 47 Jahre
Chefin der Modefirma „Varuth" in Düsseldorf
und Mode-Designerin

Rena-Maria Schilling, 40 Jahre
Leiterin Modedesign
der Firma „Miracle" in Köln,
früher bekanntes Model

Jana Sachs, 22 Jahre
Top-Model der Firma „Miracle",
studiert Modedesign, Freundin von Yacob

Yacob Bekele, 20 Jahre
Äthiopier, studiert an der Universität Leipzig,
Nebenjob als Model, Freund von Jana

Markus Berg, 28 Jahre
Detektiv und freier Journalist

Dr. Elisabeth Aumann, 32 Jahre
Kurzform „Lisa", Detektivin
gemeinsame Detektei SIRIUS in Köln

Orte der Handlung in Leipzig

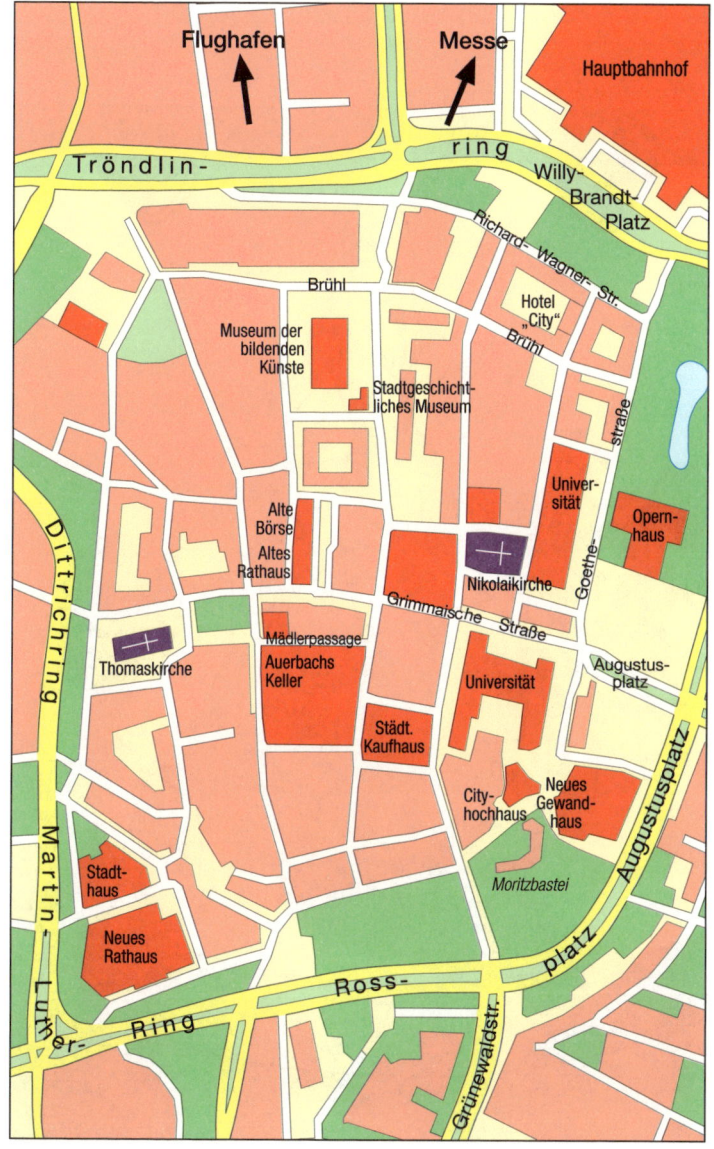

Kapitel | 1

In Raum 12 der Modefirma „Miracle" warten sie auf eine Sensation – das sind der Chef Axel Weber, die Modechefin Rena Schilling, das Model Jana Sachs und ein Techniker. Mehr Kollegen sind nicht da, denn es ist geheim, was jetzt kommt.

5 Ein Blitz! Ein Strahl! Und dann läuft blaues Licht um das Kleid von Jana.

Sie erschrickt: „Was passiert mit mir? Hilfe!"

„Nichts passiert. Alles ist in Ordnung." Rena Schilling will Ruhe in die Situation bringen.

10 Aber Jana steht da wie eine Statue, mit offenem Mund – sie hat Angst.

„Jana, du weißt doch, dass nichts passiert. Du bist unser Top-Model, und du zeigst diese Sensation auf der Modemesse in Leipzig." Jetzt wird Jana ruhiger.

15 „Oh! Die blauen Strahlen sind ja weg!" Jana schaut auf ihr Kleid. „Nichts; nichts ist zu sehen. Ich bin auch nicht verletzt. – Alles ist gut. Entschuldigung!"

„Siehst du? Das ist unser neues Material für Kleider, und dieser Stoff ist natürlich geheim, total geheim!", erklärt die

20 Modechefin.

Axel Weber, ihr Chef, fragt vorsichtig: „Also, Sie sagen, durch dieses Material gehen keine Strahlen durch? Keine Strahlen, egal welche?"

---

4 geheim: niemand darf es wissen
5 der Blitz: plötzliches kurzes, starkes Licht
5 der Strahl, Strahlen: Bewegung von Licht und Energie

„Genau so", sagt Rena ruhig, „damit sind wir bald die Nummer eins. Und auf der Modemesse in Leipzig zeigen wir das zum ersten Mal – die Konkurrenz wird sich ärgern, sie wird weinen..."
Der Chef springt auf: „Das ist ja erste Klasse – fantastisch!" 5
Alle freuen sich.

Aber dann wird er wieder ruhig und denkt nach: „Frau Schilling, hören Sie mal: Was passiert, wenn die Konkurrenz davon Wind bekommt? Die wollen das dann sofort haben und sie stehlen von uns Idee und Material. Das kennen wir!" 10
Für einen Moment ist es im Raum ganz still.
„Dann müssen wir etwas dagegen tun." Und Rena schlägt vor: „Wir suchen einen guten Detektiv, einen Privatdetektiv, und der geht mit nach Leipzig und passt auf."
„Gute Idee", sagt der Chef, „probieren wir es. Das kostet 15 natürlich was, darüber reden wir aber später."
„Da ist so ein Detektiv-Büro, gleich hier um die Ecke. Warum fragen wir die nicht mal?" Rena wird aktiv.
„Kann ich jetzt aus dem Kleid raus?", fragt Jana ungeduldig.
„Klar!", Rena ist sehr zufrieden. „Mit diesem Stoff – A-RAYON 20
– gewinnen wir!"

---

5 fantastisch: wunderbar, toll, super
9 davon Wind bekommen: etwas merken, davon hören
10 stehlen: ohne Recht etwas wegnehmen

Kapitel | 2

„Warum geht denn das so langsam? Schneller! Was ist mit meinen Terminen? Wo ist denn Grünbein? Wo sind die neuesten Sachen? Jetzt aber Tempo!"

Ulla Kantor, die Chefin der Modefirma „Varuth" in Düssel-
5 dorf, jagt ihre Angestellten durch das Büro.

„Was ist denn das? Wie sieht das denn aus?" Ulla Kantor ist sehr hart. „Damit soll ich auf die Modemesse gehen? Das ist doch Müll!"

„Und Sie", sagt sie kurz zu einer Angestellten, „Sie können
10 gehen, sofort. Das war's!"

Kantor ist mit allem unzufrieden. „Grünbein! Wo ist der denn schon wieder?"

Da bekommt sie einen Anruf. Und der macht sie plötzlich ganz still. „Wie bitte? ‚Miracle' hat ein neues Produkt? Eine
15 Sensation?"

Sofort will sie Genaueres wissen: „Was? Ein Stoff gegen Strahlen? Das gibt es doch nicht. Sicher? Wer sind Sie? Woher wissen Sie das?"

5 jagen: *hier:* jeder muss sehr schnell und genau arbeiten

Aber da ist das Telefongespräch plötzlich zu Ende.

„Grünbein! Da sind Sie ja endlich!"

In der Tür steht ein schlanker Mann in buntem Hemd und Lederjacke. Er hat harte, dunkle Augen.

„Hören Sie, eine Katastrophe! ,Miracle' bringt etwas Neues 5 heraus. Das kann uns kaputt machen..."

Grünbein kommt näher und sie erzählt ihm, was sie weiß.

Dann sagt sie leise zu ihm: „Da ist doch diese Jana Sachs, früher bei uns, jetzt bei ,Miracle'. Richtig?"

„Stimmt", sagt er, „die haben Sie doch damals gefeuert!"   10

„Egal. Finden Sie sie, wir brauchen sie vielleicht. Aber bitte schnell!" Kantor ist wie immer ungeduldig.

„Was schauen Sie so? Gehen Sie!"

Der macht alles für mich, denkt sie zufrieden.

*

Elisabeth Aumann, die Detektivin von SIRIUS, sitzt bei Re- 15 na Maria Schilling im Büro und fragt direkt:

„Sie haben uns angerufen? Brauchen Sie Hilfe? Ist etwas passiert?"

„Noch nicht", sagt Schilling ernst und fragt dann: „Wissen Sie über Mode Bescheid?"   20

„Ja, ein bisschen. Aber ich kaufe, was mir gefällt und was zu mir passt." Elisabeth versteht die Frage nicht.

„Mode ist ein Geschäft, ein sehr hartes Geschäft. Es ist ein dauernder Kampf – zwischen Modefirmen, der Modeindustrie, den Marken, verstehen Sie?"   25

Elisabeth kennt das von anderen Firmen.

10 feuern: *hier:* entlassen, den Arbeitsvertrag kündigen
23 das Geschäft: in der Wirtschaft kaufen, verkaufen, verdienen
24 der Kampf: aggressiver Konflikt

„Also, unsere größte Konkurrenz ist die Modefirma ‚Varuth‘, drüben in Düsseldorf, auf der anderen Rhein-Seite", erklärt Schilling mit rotem Kopf.

„Und was ist das Problem? Konkurrenz gibt es doch überall."

5 Elisabeth kennt das.

„Das erkläre ich Ihnen jetzt: Wir bringen etwas Neues auf den Markt und zeigen das zum ersten Mal auf der Mode-messe in Leipzig. Es sind Kleider aus einem fantastischen Stoff, einem Stoff gegen Strahlen! Das kann lebenswichtig

10 sein, in unserer Zeit."

„Das ist ja super!" Elisabeth findet das toll.

„Hier habe ich ein Stück davon. Fühlen Sie mal."

Der Stoff ist gar nicht hart, sondern weich wie Seide.

„Schön, nicht? Wir sind sicher: ‚Varuth‘ will diesen Stoff

15 haben, ihn auf der Messe stehlen – die werden alles dafür tun …"

„Und ich soll auf diesen Stoff aufpassen?"

13 Seide: weicher Stoff, glatt und glänzend

„Mehr noch. Sie sollen auf alles aufpassen, auf die Kleider, auf die Models, die das tragen, auf fremde Leute …", erklärt Rena.

Eine interessante Aufgabe, denkt Elisabeth.

„Wollen Sie das machen?"   5

„Ja, ich denke schon. Vorher möchte ich aber noch mit meinem Partner, Herrn Berg, darüber sprechen. Aber ich meine, das geht klar."

*

Im Detektivbüro SIRIUS sprechen Elisabeth Aumann und Markus Berg über die neue Aufgabe.   10

„Warum fahre ich nicht dorthin, zur Modemesse?", fragt Markus halb im Spaß.

Elisabeth lacht: „Ach so, du bist auch interessiert? Vielleicht willst du dort nette Models kennenlernen?"

„Hahaha", Markus findet das nicht lustig.   15

„Naja, Mode ist nicht so deine Sache. Du magst doch anderes viel lieber – Motorradfahren, Skifahren, Fußball, Jazz …"

„Du kennst mich schon gut, oder?"

„Also Markus, ich fahre natürlich auch sehr gern nach Leipzig, in diese interessante Stadt. Dort gehe ich ins Gewand-   20
haus oder in die Thomaskirche und höre Konzerte von Bach und Mendelssohn …"

„Und sonst?"

„Ich bin dort eine Art Polizistin und soll auf der Modemesse aufpassen, dass nichts passiert."   25

„Lisa, ich bin sicher: Wenn du da bist, passiert immer etwas."

„Danke dir!"

Kapitel | 3

Dieser wunderbare Bahnhof! Elisabeth ist gerade mit dem Zug angekommen und steht da mit offenem Mund. Wie schön!

Dann fährt sie ins Hotel Leipzig City. Dort wohnen alle.

5 Schon nach einer Stunde kommt sie in der Messe an und staunt über den großen, hellen, weiten Bau.

Dann geht sie langsam hinein, findet die Modeausstellung und sucht die Koje der Firma „Miracle".

„Hallo, da sind Sie ja!" Frau Schilling ist sofort bei ihr.

10 „Schauen Sie: Wir haben einen sehr guten Platz. Hier kommen alle vorbei!"

„Stimmt", sagt Elisabeth und schaut auf die Koje gegenüber. „Aber da ist ja auch die Firma ‚Varuth'..."

„Klar, es ist ein bisschen unangenehm, aber das ist egal."

15 Rena Schilling lacht. „Außerdem haben wir Sie hier, und Sie haben gute Augen..."

6 staunen: sich freuen über etwas interessantes Neues
6 der Bau, Bauten: großes Haus, Gebäude
8 die Koje: *hier*: der Platz in der Ausstellung für eine Firma

Elisabeth schaut hinüber, und sie sieht zwischen den Models einen Mann. Der sieht sie auch, dreht sich um und kommt langsam zur Koje von „Miracle". Jetzt steht er vor den beiden Frauen.

Der sieht aber gefährlich aus, denkt Elisabeth sofort. 5

„Hallo, die Damen, alles o.k.?", sagt er und grinst.

„Was gibt es, Herr Grünbein?", fragt Rena kühl.

Mit einem Blick auf Elisabeth fragt er neugierig: „Ein neues Gesicht, eine neue Kollegin?" Dann sieht er sie von oben bis unten an: „Naja, ein Model sind Sie ja nicht." 10

„Grünbein, hauen Sie ab, sofort!" Rena ist jetzt sehr aggressiv. „Ihre Chefin ruft Sie, schnell!"

Er schaut sie böse an und geht zurück.

---

2 dreht sich um: ändert seine Position nach vorn oder hinten
6 grinsen: leichtes Lachen, hier böse
8 der Blick: *hier:* kurz und direkt auf jemand schauen
11 hauen Sie ab!: *unfreundlich für:* gehen Sie weg!

„Wer war denn das?", fragt Elisabeth.

„Herr Grünbein, die ‚rechte Hand' von Ulla Kantor – Sie wissen: die von unserer größten Konkurrenz!"

„Auf den werde ich besonders aufpassen." Elisabeth ist jetzt
5 ganz wach.

*

Yacob Bekele sitzt im Café „Baum" und wartet auf seine Freundin Jana Sachs.

„Hallo Jana, da bist du ja." Yacob begrüßt sie und küsst sie. „Was war los, in der Ausstellung?"

10 „Ach, das war wieder so ein Stress. Diese Schilling ist freundlicher als früher die Kantor, aber der Stress ist der gleiche. Jetzt brauche ich einen Kaffee."

Jana setzt sich.

„Jana, das geht vorbei. Wir sind zusammen und alles ist viel
15 leichter, meinst du nicht?"

Yacob will sie beruhigen.

---

2 „die rechte Hand": *hier:* der wichtigste Assistent
10 diese Schilling: *hier:* über jemand negativ sprechen
16 beruhigen: ruhig machen

„Außerdem – Jana, Liebe, wir wollen doch etwas Neues machen, etwas Schönes ...“

„Genau!“ Jana umarmt ihn.

Plötzlich klingelt das Handy von Jana.

„Jana Sachs, hallo!“ Und dann hört sie: „Hier ist Victor, Victor 5
Grünbein, erinnerst du dich noch? Ich arbeite für Ulla Kantor. Du warst doch früher auch bei uns.“

„Und was willst du?“

„Jana, hör mal. Du kannst etwas für uns tun. Geld kannst du doch immer brauchen, oder? Und dafür gibt es viel Geld.“ 10

„Was bitte? Was soll denn das sein?“ Jana versteht gar nichts.

„Ich rufe dich wieder an, wir treffen uns und ich erkläre dir alles. Ciao!“

„Wer war das?“, will Yacob sofort wissen.

„Vielleicht eine neues Angebot. Und dabei kann ich etwas 15
mehr verdienen.“ Jana freut sich.

„Wirklich?“

„Du, ich mache das noch, und nach der Modenschau gehen wir beide nach London. Ich träume davon. Dort ist alles besser ...“ Jana küsst ihn. „Wir beide – ein neues Leben!“ 20

„Aber das wird teuer. Woher nehmen wir das Geld?“

„Yacob, Lieber, ich habe bald diese tolle Chance – und die bringt uns weg.“

Aber etwas macht Yacob plötzlich traurig. Und er weiß nicht, was es ist. 25

---

3 umarmen: mit Liebe die Arme um jemand legen
15 das Angebot: jemand bietet etwas Interessantes an
18 die Modenschau: Modefirmen zeigen ihre neueste Mode

Kapitel | 4

Auerbachs Keller. Elisabeth geht langsam die Treppe hinunter und steht dann in einem großen, schönen Lokal. Ah! Hier spielte das Drama „Faust" von Goethe, denkt sie, und was sieht sie: auf dem Fass sitzen Dr. Faust und der Teufel …

5 Und da kommt eine Gruppe von fröhlichen Leuten an – es sind die Kolleginnen von „Miracle".
„Hallo, Frau Aumann, kommen Sie! Dort ist unser Tisch, wir feiern heute, denn morgen ist unser großer Tag!" Rena Schilling nimmt sie an der Hand.

10 Plötzlich kommt eine andere Gruppe an.
Eine Frau mit hartem Gesicht kommt näher, an ihrer Seite ein Mann. Elisabeth sieht sofort: das ist wieder dieser Grünbein.

4 der Teufel: der böse Geist, *hier auch:* eine böse Person

„Hallo! Was sehe ich? Unsere Freunde von ‚Miracle' sind
auch da?" Ulla Kantor lacht laut. „Das Lokal passt aber gut –
Faust und der Teufel!"

Sie steht Rena gegenüber: „Du hast keine Chance, hörst
du? – Null Chance." Und wieder lacht sie. „Los, Leute, gehen 5
wir zu unserem Fest!"

Eine richtige Teufelin, denkt Elisabeth.

Am Tisch von „Miracle" beginnt ein schöner Abend: man isst
und trinkt – natürlich Leipziger Spezialitäten.

Elisabeth sitzt neben Yacob und Jana: „Ich bin Elisabeth 10
Aumann, aus Köln."

„Yacob Bekele." Er stellt sich vor: „Ich komme aus Äthiopien
und studiere hier. Außerdem arbeite ich auch als Model für
‚Miracle' – ist interessant."

Rena Schilling steht auf: „Lieber Herr Weber, liebe Kollegen, 15
liebe Freunde, trinken wir auf morgen!"

In diesem Moment klingelt Janas Handy. „Ja, hallo? Was?
Jetzt? Gleich? Wo? Na gut, ich komme."

„Tut mir leid", sagt sie schnell, „ich muss weg."

Warum denn das, denkt Elisabeth. 20

*

In einer dunklen Ecke im Café „Mephisto" wartet Grünbein.
Wann kommt sie denn endlich?

Aber Jana ist schon da: „Also, was gibt's?"

„Jana, ganz direkt: Morgen ist doch Modenschau, und ihr
von ‚Miracle' habt etwas Neues, einen Stoff gegen Strahlen. 25
Stimmt doch, oder?"

„Woher weißt du das?"

---

7 die Teufelin: weiblicher Teufel
9 die Spezialität, -en: typisch für eine Stadt oder ein Land

„Egal. Diese Schau darf morgen nicht stattfinden. Und dazu brauchen wir deine Hilfe, Jana."

„Meine Hilfe? Du hast aber Ideen …"

„Ganz einfach: Wenn deine Chefin schläft, dann ist sie nicht
5 da. Und ohne sie findet diese Schau nicht statt. Denn alles ist unter ihrer Kontrolle."

„Victor, wie soll das gehen? Die ist immer wach."

„Außer – sie muss schlafen. Und das hier hilft sehr schnell." Er zeigt Jana eine kleine Flasche. „Drei Tropfen davon in
10 den Kaffee oder Tee und man schläft wunderbar – vier, fünf Stunden."

„Das – das sind ja K.-o.-Tropfen! Und ich soll …?"

„Du verstehst schnell! Vor der Modenschau habt ihr doch noch eine Besprechung, dort im Hotel, oder?"
15 „Ja, aber …" Ihr wird plötzlich heiß und kalt.

„Jana, dafür kriegst du von uns Geld, viel Geld!"

„Und – wie viel?" Sie ist jetzt wieder ganz kühl.

---

9 der Tropfen: ganz wenig Wasser oder Medizin
12 K.-o.-Tropfen: giftige Medizin: danach schläft man sofort ein

„Sagen wir – fünftausend. Und noch dazu zweitausend für ein Stück von diesem Stoff, o.k.?"

Sie denkt an London: „Zehntausend oder gar nicht!"

„Was??" Er sieht sie böse an und denkt kurz nach. „Na gut. Und hier sind schon mal tausend." 5

Sie nimmt die Flasche und steht auf.

„Und – Jana, pass gut auf! Nur drei Tropfen, sonst..."

Victor grinst und zeigt mit dem Daumen nach unten.

8 der Daumen: der erste Finger

Kapitel | 5

Morgens klingelt das Telefon in Lisas Hotelzimmer. Es ist Markus: „Guten Morgen, Lisa! Wie geht es dir? Was macht die Arbeit?"

„Ah, guten Morgen! Ich bin noch ein bisschen müde. Gestern
5 Abend waren wir alle in Auerbachs Keller."

„Und? Hast du den Teufel gesehen?"

„Natürlich, mehrere. Aber sonst ist hier alles ruhig."

„Das kann nicht sein: kein Toter, keine Probleme, nichts? Lisa, das muss aber langweilig sein."

10 „Markus! Mach keinen Spaß. Vielleicht kommt noch etwas. Morgen ist die wichtige Modenschau und ich habe ein komisches Gefühl."

*

Elisabeth ist zurück in der Ausstellung. Man sieht, es gibt viel Arbeit. Alle müssen die Modenschau am nächsten Tag
15 vorbereiten.

Sie passt auf, kontrolliert die Schränke, alles ist in Ordnung. Ein großer Schrank bleibt geschlossen.

„Den Schlüssel hat nur die Chefin", sagt Yacob. „Da sind sicher geheime Sachen drin."

20 Und sie sieht immer wieder Grünbein in der Nähe. Wie ein Hund sucht er etwas, denkt sie.

„Wo ist Frau Schilling?", fragt Elisabeth ein Model.

„Wahrscheinlich im Hotel. Da hat sie auch ihr Büro."

12 komisch: *hier:* sie fühlt, da stimmt etwas nicht

Elisabeth ruft dort an: „Frau Schilling, ich bin auf der Messe.
Brauchen Sie mich?"
„Nein, nein, im Moment nicht. Bleiben Sie dort und passen
Sie weiter auf, besonders auf den großen Schrank."
Es klopft.   5
„Frau Aumann, ich muss jetzt Schluss machen. Bis später!"

*

„Hallo Jana, nimm bitte Platz."
„Sie haben aber ein schönes, großes Hotelzimmer!"
„Ja, das ist ja auch noch mein Büro. Zur Sache: Wir haben
jetzt halb vier, um sieben beginnt die Modenschau. Ist alles   10
fertig?" Rena ist etwas nervös.
„Fast alles, außer dem Schrank mit dem neuen Kleid. Sollen
wir da etwas machen?"
Rena springt auf und sagt laut: „Auf keinen Fall! Das ist nur
meine Sache. Die Schlüssel sind auch bei mir. Das machen   15
wir schnell, wenn ich komme."
„Ja, gut, ich sage das noch Herrn Weber. Ach, Frau Schilling,
gibt es hier vielleicht Kaffee?"
„Einen Kaffee? Gute Idee, den brauche ich jetzt auch." Rena
bestellt ihn per Telefon.   20
Dann sprechen sie noch einmal über die Schau von „Miracle":
Wann wer drankommt und mit welchen Kleidern? Wann
Yacob und seine Kollegen drankommen? Welche Musik? –
Sie nehmen etwas von „Sting" – usw.
Dann kommt der Kaffee.   25
Rena geht noch schnell auf die Toilette.

---

22 drankommen: an der Reihe sein, welche Reihenfolge?

Jetzt aber schnell! Jana holt die kleine Flasche aus ihrer Handtasche und tut drei Tropfen in die Tasse von Rena.

Und die ist schon wieder zurück. Sie sieht Jana an: „Was ist? Sie schauen so traurig. Haben Sie wieder Angst vor dem
5 neuen Kleid?"

Jetzt ruhig bleiben, denkt Jana: „Nein, es ist nichts."

Rena und Jana trinken ihren Kaffee. Beide sagen nichts mehr – eine komische Ruhe liegt in der Luft.

Da! Langsam fällt der Kopf von Rena nach unten. Sie sagt
10 leise: „Ich – ich bin so müde. Was ist das?"

Und dann liegt sie still in ihrem Sessel.

Jana springt auf: Schläft sie wirklich? Was soll sie jetzt tun? Wohin mit Rena?

Da sieht sie den großen Schrank und öffnet ihn. Dort ist
15 genug Platz. Vorsichtig nimmt sie Rena unter die Arme, zieht sie zum Schrank und legt sie hinein.

Das war fast zu schwer für mich, denkt sie, und schließt die Schranktüren.

Dann spült sie im Bad die Tasse von Rena.
20 Sie will schon gehen, da erinnert sie sich: der Stoff!

Sie sucht lange und findet ihn in einer Arbeitstasche.

Vorsichtig geht sie aus dem Zimmer, schließt leise die Tür und hängt das Schild hin: Bitte nicht stören!

Kapitel | 6

Die große Modenschau kann bald beginnen.

Viele Besucher sind gekommen: Journalisten, die Leute von der Presse, die vielen Fachleute aus dem Modegeschäft, und das Fernsehen ist auch da. Alle warten auf das Besondere, auf eine Sensation. 5

Elisabeth schaut auf die Uhr: Es ist schon Viertel vor sieben – und Rena Schilling ist nicht da!

Elisabeth geht hinter die Bühne. Und da stehen die „Miracle"-Leute beim Chef und fragen sich: „Was ist mit Rena? Wo ist sie?" Ohne sie geht es nicht! 10

„Sonst ist sie doch pünktlich, immer ist sie die Erste." Axel Weber ist sehr nervös. „Und ihr Handy ist auch aus! Vielleicht ist sie noch im Hotel?"

„Ich rufe sie mal in ihrem Hotelzimmer an." Elisabeth wird jetzt aktiv. 15

Aber dort geht niemand ans Telefon. Das Hotel schickt dann einen Angestellten hoch in ihr Zimmer, aber es ist leer.

„Hoffentlich hatte sie keinen Unfall", sagt Yacob.

„Ich fahre jetzt hin. Das dauert natürlich etwas." Elisabeth fühlt, dass etwas nicht stimmt. 20

„O.k. Machen Sie schnell. Wir sind bald dran und zeigen unsere Kollektion, auch ohne Frau Schilling."

„Aber Herr Weber, was ist mit dem neuen Kleid, mit diesem

---

3 Fachleute: Spezialisten
8 die Bühne: dort finden Musik und Theater statt
22 die Kollektion: das ganze Angebot von neuen Kleidern

Stoff gegen Strahlen?", fragt Yacob sofort. „Alle warten darauf."
„Ohne sie geht es nicht", sagt Jana schnell, „Frau Schilling hat
die Schlüssel zu dem geheimen Schrank dort. Wir müssen
damit warten, leider …"

5 Draußen hört man plötzlich laute Musik, Heavy Metal. Sie
gehen hinaus ins Licht und sehen, dass die Modenschau
beginnt. „Varuth" ist als Erstes dran. Die Models gehen hin-
tereinander über den Laufsteg und zeigen eine supermo-
derne Kollektion.

10 Elisabeth will schnell gehen. Da sieht sie noch Ulla Kantor
zusammen mit Grünbein stehen: Sie lachen und zeigen auf
die traurige Gruppe von „Miracle".

*

Mit dem Taxi ins Zentrum dauert es 20 Minuten.
Im Hotel fährt sie zusammen mit einem Angestellten hoch
15 zum Zimmer 312. An der Tür hängt das Schild „Bitte nicht
stören".

---

8 der Laufsteg: auf diesem Weg zeigen die Models die Kleider

Der Hotelangestellte schließt die Tür auf und sie stehen in einem leeren Zimmer. Auch im Bad ist niemand. Auf dem Tisch stehen zwei Kaffeetassen. Wer hat mit ihr Kaffee getrunken?

Da sieht Elisabeth auf dem Boden eine Handtasche liegen! 5
Keine Frau geht ohne ihre Handtasche weg, also muss Rena noch hier sein oder im Hotel.

Langsam sucht sie weiter. Plötzlich hört sie etwas. Woher kommt das? Da – aus dem Schrank!

Sie öffnet die Schranktüren und sieht Rena. Was ist mit ihr? 10
Zum Glück – sie lebt noch, sie bewegt sich und sagt leise etwas.

„Schnell! Rufen Sie einen Arzt!"

Langsam zieht sie Rena aus dem Schrank.

Elisabeth sieht sofort: Rena ist nicht verletzt. Und sie macht 15
langsam die Augen auf.

„Guten Abend, Frau Schilling, wie geht es Ihnen?" Das war eine dumme Frage, denkt Elisabeth.

Langsam setzt sich Rena auf. Das Erste, was sie sagt: „Die Modenschau ... Warum bin ich hier?" 20

„Etwas ist mit Ihnen passiert. Und das war kriminell!"

21 kriminell: etwas gegen Gesetz und Moral tun

Aber Elisabeth will später genauer fragen.

„Ich muss jetzt sofort zur Messe. Vielleicht ist es noch nicht zu spät. Sagen Sie nichts – fahren wir!"

*

Sie kommen an, aber die Modenschau ist vorbei. Auch die
5 Presse ist schon weg.

Die Gruppe von „Miracle" steht zusammmen da, vorn der Chef, Axel Weber. Und der fragt unfreundlich: „Frau Schilling! Da sind Sie ja! Wo waren Sie denn?"

Elisabeth antwortet für Rena und erzählt alles.

10 „Schrecklich!" Sofort kümmern sich alle um Rena, denn sie ist noch ziemlich schwach.

Axel Weber ist sehr böse: „Wer war das? Wer macht denn so etwas? Wenn ich den finde, dann ..."

Elisabeth sagt ruhig: „Das ist meine Sache und die Sache der
15 Polizei. Ich habe auch schon eine Idee."

Traurig packen sie die Kleider ein, auch das Spezial-Kleid aus dem Schrank.

Alle sind enttäuscht: keine Sensation von „Miracle", keine Schau mit diesem Kleid gegen Strahlen!

20 Für Axel Weber ist klar: „Wir haben gegen ‚Varuth' verloren. Alle internationalen Kunden sind weg! Das wird ein schlechtes Jahr für uns."

Gegenüber feiern die Leute von „Varuth", mit vielen Getränken und lauter Musik ...

25 „Wo ist denn Jana?", fragt Rena plötzlich.

---

16 einpacken: Sachen in ein Paket oder in einen Koffer legen
18 enttäuscht sein: auf etwas hoffen und es nicht bekommen

Kapitel | 7

Heute ist ein guter Tag, denkt Ulla Kantor und freut sich.
Bald wird ein großer und wichtiger Kunde zu ihr kom-
men – von der Firma Körber & Schley!
Sie trägt dafür ihr rotes Lieblingskleid und hat sich schön
gemacht.   5
Da klopft es.
Sie läuft zur Tür und öffnet sie mit einem Lächeln im Gesicht:
„Guten Tag! Kommen Sie ...“
Da stürmt Jana herein!
„Hallo, Frau Kantor, da bin ich!“ Und sie setzt sich in einen   10
Sessel.
Ulla Kantors Gesicht wird hart und kalt wie Eis: „Was tust du
hier? Hast du einen Termin? Geh sofort!“
Jana steht auf und sagt kühl: „Wie sprechen Sie denn mit
mir? Wollen Sie nicht erst mal ‚danke‘ sagen? Außerdem   15
kriege ich noch was von Ihnen ...“
„Von mir bekommst du nichts, gar nichts“, antwortet Ulla.
„Was?? Dafür habe ich diese ganze Aktion mit der Schilling
gemacht? Sind Sie verrückt? Ich will die zehntausend, jetzt
sofort.“ Jana ist sehr enttäuscht.   20
„Warum zehntausend? Du träumst wohl. Grünbein ruft dich
an, der macht alles. Ich habe es eilig.“
„Was denn? Ich muss auf einen Anruf von diesem Grünbein
warten?“ Jana steht vor ihr. „Ich kriege jetzt das Geld oder

---

7 das Lächeln: das kleine Lachen
9 stürmt herein: läuft schnell herein

ich gehe durch diese Tür und alle hören, was passiert ist!"
Dann dreht sie sich um und will gehen.

Aber Ulla packt sie an den Schultern und zieht sie zurück:
„Du machst gar nichts, verstehst du? Sonst passiert wieder
5 etwas – dieses Mal mit dir!" Jana bekommt plötzlich Angst.

„Du bekommst dein Geld, aber von Grünbein. Und vergiss
den Stoff nicht, sonst..."

Ulla geht mit der Hand an ihren Hals. „Hinaus mit dir!"

*

„Hallo, Markus, guten Abend! Wie geht es dir, wie geht es
10 SIRIUS?" Elisabeth muss mit ihm sprechen.

„Danke, gut geht's. Es gibt viel Arbeit, aber nur so langweilige
Ehe- und Familienprobleme. Und was ist bei dir los? Ist was
passiert?" Markus ist neugierig.

Elisabeth erzählt ihm alles, was sie weiß.

15 „Und jetzt suchst du nach dem Täter oder der Täterin? Oder
weißt du schon, wer es war?"

„Ich glaube, die Kantor war es oder dieser Grünbein, denn,

---

3 packen: *hier:* fest mit den Händen nach etwas greifen
15 der Täter, die Täterin: diese Person tut etwas Kriminelles

Varuth' hat von der Panne profitiert. Aber ich kann nichts beweisen." Elisabeth ist ziemlich hilflos.

„Du, dann mach das so: Geh zur Kantor und benutze einen Trick, einen Bluff wie beim Poker. Sag ihr, du kannst alles beweisen und du hast etwas Schriftliches, auch für die Poli- 5 zei!"

„Meinst du? Danke dir, das ist eine gute Idee!" Elisabeth geht es jetzt viel besser.

*

Jana liegt im Bett, aber sie kann nicht schlafen. Sie fühlt, dass etwas Schlimmes kommt. Sie weiß aber nicht, was. 10

Da klingelt das Telefon. Grünbein ist dran: „Hallo, Kleine. Du warst heute bei der Chefin – war nicht gut! Hör mal, das mit dem Geld und mit dem Stoff, das können wir gleich morgen Abend machen, o.k.?"

„Ja, klar, so schnell wie möglich", antwortet Jana. 15

„Dann morgen Abend um neun, unten in der Moritz-Bastei – die kennst du doch, oder?"

„Kenne ich, aber das ist kein guter Platz."

„Egal. Alles klar? Also, Jana, bis morgen. Ciao!"

Schnell ruft Jana noch Yacob an: „Kannst du bitte morgen 20 um neun zur Moritz-Bastei kommen? Sei pünktlich, es ist sehr wichtig. Bitte keine Fragen!"

Er verspricht es ihr, und jetzt fühlt sie sich sicher.

Aber sie setzt sich noch hin und schreibt einen Brief über alles, was passiert ist. Dann steckt sie ihn zusammen mit 25 dem Stück Stoff in einen großen Briefumschlag.

---

2 profitieren: etwas gewinnen, verdienen
5 beweisen: suchen und dann finden, was wahr ist
23 verspricht ← versprechen

Kapitel | 8

Jana steht vor der Moritz-Bastei. Dort soll sie also Grünbein treffen und das Geschäft mit ihm machen.

Es ist dunkel. Eine lange Treppe führt nach unten.

Langsam geht sie hinunter, Stufe für Stufe.

5 Was mache ich hier? Was kommt jetzt? Geht alles gut? Sie hat kein gutes Gefühl.

Unten öffnet sie eine schwere Tür und sie steht in einem Keller. Es ist ein langer Raum, etwas zu dunkel, findet sie. An Tischen sitzen junge Leute, trinken, diskutieren, lachen ...

10 Ein gutes Lokal ist das, mit Freunden zusammen, aber sie ist hier fremd.

An der Bar bestellt sie sich ein Getränk und wartet.

„Nett ist das hier", sagt sie zum Barkeeper, und sie beginnen ein Gespräch.

15 „Ich bin Pedro und komme aus Mexiko", sagt er freundlich, „und du?"

„Ich heiße Jana und war bei einer Modenschau."

4 die Stufe: Teil von einer Treppe
6 das Gefühl,-e: etwas fühlen

Pedro schaut sie an: „Warum bist du so nervös? Wartest du auf jemand?"

Da hat Jana eine Idee: Wenn Yacob nicht kommt und Grünbein kommt vorher? Was dann? „Du, Pedro, mein Freund Yacob kommt noch. Ich habe etwas Wichtiges für Ihn. 5 Kann ich das bei dir lassen?" Und sie gibt Pedro den dicken Umschlag.

„Was ist da drin? Etwas Gefährliches?", fragt Pedro.

„Nein, nein, nur Papiere und etwas von der Messe."

„Bei mir ist das sicher. Also, für Yacob Bekele ist das." Pedro 10 steckt den Umschlag hinter die Bar. In diesem Moment geht die Tür auf und herein kommt – nicht Yacob, sondern Grünbein! Das ist nicht gut, denkt Jana enttäuscht.

„Hallo, Jana, da bin ich – pünktlich wie immer." Dann sagt er leiser: „Wollen wir ...?" 15

Sie steht auf und nimmt ihre Handtasche: „Dort ist ein Tisch frei."

„Nein, nicht hier. Die anderen Leute stören nur. Ich weiß einen besseren Platz. Komm!"

Und er führt sie in einen halbdunklen Tunnel. 20

Jana friert, langsam kommt die Angst: „Was machen wir hier? Man sieht ja fast nichts."

„Ganz einfach und schnell: Du gibst mir den Super-Stoff, und ich gebe dir die fünftausend." Er hat einen Umschlag in der Hand. 25

„Was denn? Nur fünftausend? Bist du verrückt? Das kannst du mit mir nicht machen!" Jana wird jetzt laut.

„Fünftausend oder gar nichts. Aber zuerst gibst du mir den Stoff! Her damit!"

21 friert: es ist ihr kalt
29 Her damit!: *sehr unfreundlich für* Gib es mir!

„Was denkst du denn? Ich gehe jetzt und erzähle …"
Plötzlich ist er ganz nahe, sie fühlt seinen Atem.

Sie will weg von ihm – zu spät! Schnell schließen sich seine
Hände um ihren Hals, ein kurzer Kampf, dann fühlt sie
5 nichts mehr.
Er schaut noch einmal auf sie: „Schade um dich!"
Einen Moment wartet er noch, aber niemand hat etwas
gehört. Dann nimmt er ihre Handtasche und geht vorsichtig
hinaus.

*

10 Elisabeths Handy klingelt, ein Anruf von Yacob: „Frau
Aumann, es ist etwas passiert, Jana – Jana ist tot! Jemand hat
sie getötet. Kommen Sie schnell!"
Sie versteht fast nichts: „Das ist ja schrecklich! Bleiben Sie
ruhig. Ich komme. Wo sind Sie denn?"
15 „Unten in der Moritz-Bastei." Dann hört sie nichts mehr.
Auf dem Weg denkt Elisabeth schon weiter – an eine
bestimmte Person.

2 der Atem: die Luft im Menschen
12 töten: einer Person das Leben nehmen

Kapitel | 9

Traurig sitzen Elisabeth und Yacob vor ihrem Kaffee und können es immer noch nicht glauben.

„Wer tut denn so etwas? Und warum?", fragt Yacob.

„Die Polizei sucht schon nach dem Täter, aber das ist schwer. Es gibt so viele Leute hier in der Bastei. Ich glaube, ich muss 5 selbst suchen."

„Darf ich Ihnen helfen?", fragt Yacob sofort. „Ich fühle mich schlecht, denn ich bin zu spät gekommen …"

Plötzlich steht ein Mann vor Yacob: „Entschuldigung, sind Sie Herr Bekele?" 10

„Ja, das bin ich. Warum?"

„Ich arbeite dort an der Bar", sagt der Mann, „und da liegt ein dicker Brief. Ist der für Sie?"

„Ja, wahrscheinlich. Sicher. Vielen Dank!"

Sofort macht er den Umschlag auf. Drinnen ist ein Papier 15 und ein Stück Stoff! „Was für ein Stoff ist das und was für ein Brief? Was steht denn da?"

Lieber Yacob,

ich schreibe dir diesen Brief, denn ich habe Angst.

Ich habe etwas Schlimmes gemacht: Ich war bei Frau Schilling, habe ihr die 20
K.-o.-Tropfen gegeben.

Das war der Plan von Frau Kantor. Dafür gibt es von ihr viel Geld. Das ist
doch gut für London!

Morgen Abend in der Moritz-Bastei kriege ich von Grünbein meinen
Lohn. Der will auch ein Stück Anti-Strahlen-Stoff, aber ich lasse es hier 25
im Umschlag. Dann hast du etwas gegen ihn, wenn ….

Hoffentlich passiert mir nichts.

Ich liebe dich!   Deine Jana

„Ach, die liebe Jana, die hatte schon vorher dieses Gefühl. Warum war ich nicht früher da? Warum hat sie mir nichts davon gesagt? Alles ist vorbei." Yacob hält die Hände vors Gesicht – man sieht, er weint.

5 Elisabeth will ihn beruhigen und legt die Arme um ihn: „Das tut mir sehr, sehr leid. Aber daran können wir jetzt nichts mehr ändern. Diese Aktion von ihr war natürlich gefährlich, sehr gefährlich."

„Dieser Grünbein war es, ich muss ihn kriegen!" Yacob
10 springt auf.

„Moment, Herr Bekele, wir machen das zusammen. Vergessen wir nicht: Frau Kantor hatte diesen Plan gegen die Firma ‚Miracle', und andere machten die ‚Arbeit' für sie. Für mich ist sie die erste Täterin."

15 „Frau Aumann, Sie haben Recht. Besuchen wir sie!"

*

Yacob und Elisabeth stehen im Büro von Frau Kantor. Sie ist überrascht: „Was wollen Sie hier?"

---

17 überrascht: für sie kommt etwas plötzlich, ohne Information

„Das kann ich Ihnen sagen." Elisabeth schaut ihr kalt in die
Augen.
„Der Mord an Jana und diese Aktion gegen Frau Schilling,
das kommt alles von Ihnen, war alles Ihr Plan. Und dafür
müssen Sie bezahlen!"   5
„Was erzählen Sie da? Das ist doch alles Quatsch! Gehen Sie,
sonst rufe ich die Polizei!"
„Das ist eine gute Idee, denn – wir können alles beweisen."
Und Elisabeth zeigt den Stoff und den Brief. „Außerdem hat
Grünbein der Polizei schon alles erzählt." Guter Trick, denkt   10
sie für sich.
„Was? Der ist doch weg. Warum tut er das?" Jetzt weiß Ulla
Kantor: Alles ist verloren. „Aber das mit den K.-o.-Tropfen,
das hat doch er gemacht. Und er hat auch Jana getötet."
Plötzlich ist sie am Ende. Sie legt den Kopf auf die Arme und   15
weint. „Das war doch alles für die Firma ..."
Elisabeth sagt ruhig: „Kommen Sie, wir gehen jetzt zur Po-
lizei."

3 der Mord: jemand töten

„Nein, bitte nicht sofort. Ich möchte noch einmal in die Thomas-Kirche, für eine ruhige halbe Stunde."

„Gut, gehen wir. Diese halbe Stunde kann ich Ihnen noch schenken."

5 Vor der Kirche steht das Denkmal von Johann Sebastian Bach. Elisabeth schaut zu ihm hinauf und denkt: Ich muss noch einmal nach Leipzig kommen, ohne Detektiv-Arbeit.

Dann geht sie in die Kirche und hört Musik, die wunderbare „Toccata und Fuge"! Langsam geht sie zu Ulla Kantor und 10 sagt leise: „Entschuldigung, die Zeit ist vorbei. Kommen Sie, gehen wir!"

Draußen wartet schon die Polizei.

*

„Traurig ist das mit Jana, sehr traurig. Aber ich bin auch fast gestorben." Rena Schilling zeigt Gefühle.

15 Elisabeth sitzt bei Rena und findet sie jetzt nicht mehr so sympathisch wie früher.

„Frau Aumann, das war tolle Arbeit von Ihnen! Am Ende ist alles gut gegangen, nicht? ‚Varuth' ist am Ende und die Kantor, diese Teufelin, kriegt sicher mindestens fünf Jahre."

20 Was redet sie denn da, denkt Elisabeth und gibt ihr das Stück Stoff: „Ich habe da etwas für Sie. Das gehört Ihnen."

„Ach so, dieser Stoff, danke. Wissen Sie", und jetzt kommt Rena näher, „dieser Stoff ist wirklich nichts Besonderes, kein Anti-Strahlen-Stoff."

25 Sie ist auch ein richtiger Teufel, denkt Elisabeth.

Rena lacht: „Das alles war doch nur ein Gag, sehr gute Werbung, sonst nichts."

Ende

Landeskunde Leipzig

Teil A
*„Mein Leipzig lob' ich mir. Es ist ein Klein-Paris
und bildet seine Leute."*

Johann Wolfgang von Goethe,
1749–1832, größter deutscher Dichter.
Der junge Goethe studierte gern
an der Universität Leipzig.

Teil B
Die Universität Leipzig
mit langer Tradition. Hier
studierten auch Lessing und
Nietzsche. Die Neue Universität, 1953 erbaut, sieht aus
wie ein Zahn, ein „Weisheits-
zahn", sagen die Leipziger.

Teil C
Auerbachs Keller
altes Keller-Lokal seit 1525,
in der Mädler-Passage.
Dort kann man den Teufel
sehen, aus Goethes
Drama „Faust".

Teil D

Die Leipziger Messe
wichtiger Messeplatz seit dem
Mittelalter! Die Buchmesse macht
Leipzig jedes Jahr zur Hauptstadt
des Buches – und der Medien.

Teil E
Leipziger Spezialität
die „Leipziger Lerche", kein Vogel,
sondern ein kleines Gebäck, innen mit
Marzipan. Früher war es ein Vogel …

Teil F

Die Nikolai-Kirche
Hier begann die friedliche
Revolution von 1989.

**Die Thomas-
Kirche**
Hier arbeitete
früher Johann
Sebastian Bach
als Kantor.

Teil G
Die Moritz-Bastei
Café, Kneipe und Bierkeller tief unter der Erde – mit Musik-
und Kulturprogrammen. Der Treff für junge Leute und Studen-
ten!

Übungen

Kapitel 1

Ü 1   **Wo spielt der Krimi „Teufel in Seide"?**
_____ . Dort findet eine Messe statt:
eine _____ .

Ü 2   **Die Modechefin Rena Schilling macht einen Test,**
und was passiert? Was ist hier richtig?
a. Das Kleid ist kaputt. ☐
b. Nichts. Alles ist in Ordnung. ☐
c. Die Strahlen sind zu schwach. ☐

Ü 3   **Warum ist der neue Stoff so interessant?**
a. Strahlen gehen nicht durch. ☐
b. Das Material ist aus Seide. ☐
d. „Miracle" macht daraus schöne Kleider. ☐

Ü 4   **Was soll Elisabeth auf der Messe tun?**
Sie soll auf _____ aufpassen.

Kapitel 2

Ü 1   **Wie finden Sie Ulla Kantor, die Chefin von „Varuth"?**
Kreuzen Sie an, ergänzen Sie!
hart ☐   genau ☐   unfreundlich ☐   stark ☐
fleißig ☐   kalt ☐   nett ☐   sehr professionell ☐
aggressiv ☐   _____

Ü 2   **Grünbein soll das Problem** _____ .
Dafür braucht er aber _____ !

Ü 3   **Warum fährt Elisabeth nach Leipzig und nicht Markus?**
a. Er interessiert sich nur für Sport. ☐
b. Er findet Models nicht so interessant. ☐
c. Sie möchte den Job gern machen. ☐

Kapitel 3

Ü 1   **Elisabeth kommt in Leipzig und auf der Messe an. Ergänzen Sie aus dem Text.**
a. Auf der Messe ist die Firma „Varuth" der Firma „Miracle" genau _____ .
b. Sie denkt, Grünbein ist _____ .
c. Sie will besonders auf ihn _____ !

Ü 2   **„Hauen Sie ab!" sagt Rena sehr unfreundlich.**
Wie sagt man das in Ihrer Sprache? _____

Ü 3   **Grünbein bietet Jana an:**
Für Geld soll sie etwas für _____ tun.

Ü 4   **Jana und Yacob machen Pläne, aber Yacob ist nicht so sicher. Wer sagt das – „J" oder „Y"?**
1. Ich habe eine tolle Chance. ☐
2. Woher nehmen wir das Geld? ☐
3. Dabei kann ich etwas mehr verdienen. ☐
4. Dann gehen wir beide nach London. ☐
5. Wirklich? ☐

Kapitel 4

Ü 1 In Auerbachs Keller sieht man Dr. Faust und
den _____ . Für Elisabeth ist Ulla
Kantor eine _____ .

Ü 2 Grünbein schlägt Jana etwas vor. Was passt zusammen?

1. Die Schau von Miracle
kann nicht stattfinden, …
2. Grünbein gibt Jana …
3. „Du tust drei Tropfen
davon in den Kaffee, …
4. Dafür bekommt sie fünftausend …
5. Sie denkt an London …

a. dann schläft sie wunderbar."
b. und zweitausend für ein
Stück Stoff.
c. und will mehr Geld.
d. wenn die Chefin schläft.
e. eine Flasche mit
K.-o-Tropfen.

Ü 3 „Pass gut auf! Nur drei Tropfen, sonst …"
Was passiert dann? _____

Kapitel 5

Ü 1 Warum ist der große Schrank geschlossen?
Dort gibt es _____ .

Ü 2 Jana kommt zu Rena Schilling ins Hotel.
Ergänzen Sie die Wörter aus dem Kasten.

selbst, Schild, schläft, schließt, Schlüssel,
Stoff, Tropfen, zieht

Szene 1: Für Rena ist es klar: Der Schrank
mit dem neuen Kleid bleibt zu. Sie hat die _____
und will alles _____ machen.

Szene 2: Der Kaffee kommt. Rena geht auf die Toilette.
Jetzt tut Jana drei _____ in die Tasse von Rena!

Szene 3: Rena trinkt ihren Kaffee, und dann fällt ihr
Kopf nach unten und sie _____ fest.

Szene 4: Jana _____ Rena zum Kleiderschrank,
legt sie hinein und _____ die Schranktüren.

Szene 5: Dann sucht sie den _____ , findet ihn,
hängt ein _____ an die Tür und geht weg.

Kapitel 6

Ü 1 **Das Problem für „Miracle" ist:**
Ohne Rena Schilling _____ !

Ü 2 **Was verstehen die Kollegen von Miracle und Elisa-**
beth nicht? Was steht im Text?
a. Warum ist Rena Schilling nicht pünktlich? ☐
b. Warum ruft sie nicht an? ☐
c. Warum geht sie nicht ans Telefon? ☐

Ü 3 **Elisabeth kommt ins Hotel. Was passiert jetzt?**
Wie ist die richtige Reihenfolge?
☐ Rena liegt da, ist aber nicht verletzt.
☐ Elisabeth sieht zwei leere Kaffeetassen.
1 Elisabeth fährt zum Hotel.
☐ Sie öffnet das Zimmer, aber es ist leer.
☐ Rena will sofort zur Messe fahren.
☐ Elisabeth hört etwas aus dem Schrank.

Kapitel 7

Ü 1 **Warum streiten Ulla Kantor und Jana?**
Was steht im Text?
1. Jana möchte, dass Ulla ihr dankt. ☐
2. Jana will eine neue Stelle bei „Varuth". ☐
3. Ulla will Jana das Geld nicht geben. ☐
4. Jana will nicht mit Grünbein sprechen. ☐
5. Jana will überall von der Sache erzählen. ☐
6. Ulla macht Jana Angst. ☐

Ü 2 **Wer ist der Täter oder die Täterin?**
Elisabeth denkt, das war _____ ,
aber sie kann das nicht _____ .
Vielleicht geht es mit einem _____ ?

Ü 3 **Was meinen Sie? Was sollte Jana tun?**
Grünbein nicht allein treffen ☐
mit Elisabeth sprechen ☐
Rena alles erzählen ☐

_____

Kapitel 8

Ü 1 **Was passiert in der Moritz-Bastei? Kreuzen Sie an!**
1. Das Treffen mit Grünbein
   ☐a findet Jana gut ☐b gefällt Jana nicht.
2. Jana ist nervös und gibt dem Mann an der Bar
   ☐a ein Päckchen ☐b einen Brief.
3. Sie wartet auf Yacob, aber er
   ☐a kommt zu spät ☐b kommt heute nicht.

4. Grünbein führt sie
   <u>a</u> in eine dunkle Ecke <u>b</u> in einen dunklen Tunnel.
5. Er will sofort <u>a</u> das Kleid <u>b</u> den Super-Stoff.
6. Jana <u>a</u> streitet mit ihm <u>b</u> gibt ihm alles.
7. Grünbein ist böse
   <u>a</u> und tötet sie <u>b</u> aber lässt sie weggehen.

Ü 2   **Was sagt Yacob zu Elisabeth am Telefon?**

Jana ist etwas _____ ,

sie ist _____ !

Kapitel 9

Ü 1   **Was ist genau passiert? Wer ist der Täter?**
Ergänzen Sie die Wörter aus dem Kasten.

> Arbeit, bekomme, bezahlen, Brief, Firma,
> Plan, schuldig, Täter, Täterin, treffe, vorbei,
> zu spät

1. *Yacob:* Ich fühle mich _____ ,
   denn ich bin _____ gekommen.
2. *Der Barkeeper:* Da ist ein _____ für Sie!
3. *Jana schreibt:* Morgen Abend _____
   ich Grünbein und _____ Geld …
4. *Yacob:* Grünbein ist also der _____ :
5. *Elisabeth:* Und Frau Kantor ist die _____ ,
   Grünbein machte nur die _____ für sie.
6. *Elisabeth bei „Varuth":* Frau Kantor, das war
   Ihr _____ , und dafür müssen
   Sie _____ !

7. *Ulla Kantor:* Ich kann nicht mehr. Das war doch alles
für die _____ ! Noch etwas Ruhe …
8. *Elisabeth:* Die Zeit ist _____ . Kommen Sie!

Ü 2 **Elisabeth ist noch einmal bei Rena Schilling.**
Ergänzen Sie „lügen, gewinnen, wahr":
„Frau Aumann, das mit dem Stoff gegen Strahlen
war nicht _____ . In der Werbung
muss man manchmal _____ ,
sonst _____ man nicht."

Ü 3 **Welche Meinung hat Elisabeth von Rena?**
Sie ist _____ !

Kapitel 1–9

Ü 1 **Wie geht es weiter? Was glauben Sie?**
a. Ulla Kantor muss drei Jahre ins Gefängnis. ☐
b. Die Firma „Miracle" kauft „Varuth". ☐
c. Rena Schilling wird Chefin von beiden Firmen. ☐
d. Geht Yacob zurück in seine Heimat? ☐
e. _____ ☐

Ü 2 **Wo ist Grünbein? Was meinen Sie?**
a. Im Gefängnis? ☐
b. Immer noch in Leipzig? ☐
c. Im Ausland, in _____ ? ☐
d. Im Haus von Ulla Kantor? ☐
e. In _____ ? ☐

Lösungen

Kapitel 1
Ü 1 In Leipzig, Modemesse
Ü 2 b
Ü 3 a
Ü 4 den Stoff / die Kleider /
     die Models / fremde Leute

Kapitel 2
Ü 1 (Ihre Meinung)
Ü 2 lösen, Jana Sachs
Ü 3 c

Kapitel 3
Ü 1 gegenüber, gefährlich,
     aufpassen
Ü 2 (Ihre Idee)
Ü 3 (die Modefirma) Varuth
Ü 4 1J, 2Y, 3J, 4J, 5Y

Kapitel 4
Ü 1 Teufel, Teufelin
Ü 2 1d, 2e, 3a, 4b, 5c
Ü 3 sie ist tot / sie stirbt

Kapitel 5
Ü 1 geheime Sachen /
     das neue Kleid
Ü 2 1: Schlüssel, selbst, 2: Trop-
     fen, 3: schläft, 4: zieht,
     schließt, 5: Stoff, Schild

Kapitel 6
Ü 1 geht es nicht
Ü 2 a, c
Ü 3 5–3–1–2–6–4

Kapitel 7
Ü 1 1, 3, 5, 6
Ü 2 Kantor oder Grünbein,
     beweisen, Trick / Bluff
Ü 3 (Ihre Meinung)

Kapitel 8
Ü 1 1b, 2b, 3a, 4b, 5b, 6a, 7a
Ü 2 passiert, tot

Kapitel 9
Ü 1 1: schuldig, zu spät,
     2: Brief,
     3: treffe, bekomme,
     4: Täter,
     5: Täterin, Arbeit,
     6: Plan, bezahlen,
     7: Firma,
     8: vorbei
Ü 2 wahr, lügen, gewinnt
Ü 3 (Ihre Idee)

Kapitel 1–9
Ü 1 (Ihre Idee)
Ü 2 (Ihre Meinung)

MP3:
Teufel in Seide
Falsches Spiel in Leipzig

Gelesen von Kim Pfeiffer

Regie:	Joachim Becker
	Christian Schmitz
Toningenieur:	Christian Marx
Studio:	Clarity Studo Berlin

unter www.cornelsen.de/daf-bibliothek